欧阳修　草拂之而色变，木遭之而叶脱。

◎《秋声赋》

苏　洵　有乱之萌，无乱之形，是谓将乱。

◎《张益州画像记》

苏　轼　古之所谓豪杰之士，必有过人之节，人情有所不能
忍者。

◎《留侯论》

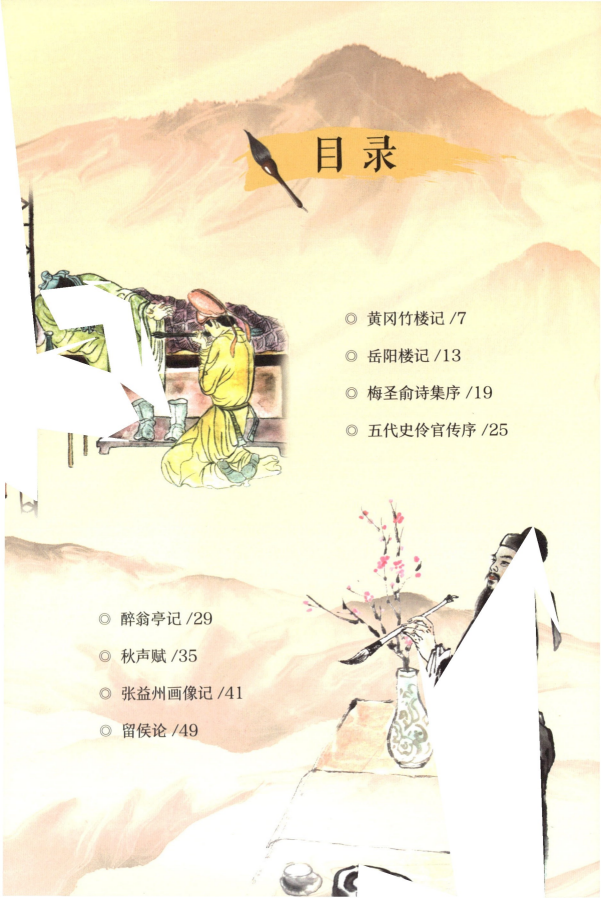

目 录

新新世纪◎编

藏在古文观止里的
那些事儿

8
宋文

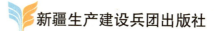
新疆生产建设兵团出版社

《古文观止》中的
那些 经典语句

王禹偁 非骚人之事，吾所不取。

◎《黄冈竹楼记》

范仲淹 不以物喜，不以己悲。
先天下之忧而忧，后天下之乐而乐。

◎《岳阳楼记》

欧阳修 然则非诗之能穷人，殆穷者而后工也。

◎《梅圣俞诗集序》

欧阳修 忧劳可以兴国，逸豫可以亡身。

◎《五代史伶官传序》

欧阳修 醉翁之意不在酒，在乎山水之间也。

◎《醉翁亭记》

宋文

骚人搁笔忧天下

王禹偁

　　王禹偁，字元之，济州钜野（今山东巨野）人。北宋太宗太平兴国八年（983）进士，曾任右拾遗、翰林学士、知制诰。为人忠直敢言，三经贬黜。他不仅是北宋最早要求改革弊政的政治家之一，也是北宋文坛最早提倡扫除浮艳靡丽文风的文学家之一。他文崇韩愈、柳宗元，诗学杜甫、白居易。所作诗文简淡古雅，清丽晓畅。著有《小畜集》。

黄冈竹楼记

　　黄冈地区盛产竹子，大的竹子像 <ruby>椽<rt>chuán</rt></ruby> 子那样粗。竹工破开它，削去竹节，用来代替陶瓦。家家户户都用它盖房子，因为它便宜而且省工。

　　黄冈城门外的套城西北角的城垛子都塌毁了，野草丛生，荒<ruby>芜<rt>wú</rt></ruby>污<ruby>秽<rt>huì</rt></ruby>。我清理了那里，盖了两间小竹楼，与月波楼互相连通。登上竹楼，远山的风光尽收眼底，平望出去，能看到江中的浅水流沙。那幽静寂寥、高远空阔的景致，实在无法一一描绘出来。夏天适宜听急雨，雨声有如瀑布飞流直下；冬天适宜听密雪，雪花坠落发出玉碎之声；适宜抚琴，琴声和畅悠扬；适宜吟诗，诗韵清新绝俗；适宜下棋，棋子落盘有叮当清响；适宜投壶，箭入壶中 <ruby>铮<rt>zhēng</rt></ruby> 铮动听。这些美妙的声音，都是因为竹楼才得以听到。

公事办完后的闲暇时间里，披着鹤氅^{chǎng}衣，戴着华阳巾，手持一卷《周易》，焚香默坐，驱散尘世中的种种杂念。除了水色山光之外，只见到风帆沙鸟、烟云竹树罢了。等到酒意退去，煮茶的烟火熄灭，便送走夕阳，迎来皓月，这正是谪^{zhé}居生活的快乐之处啊。

那齐云楼、落星楼，高是很高了；井幹^{hán}楼、丽谯^{qiáo}楼，华丽是很华丽了。但它们只不过是用来蓄藏妓女和能歌善舞的人罢了，这不是诗人应做的事，是我所不屑去做的。

我听竹工说，竹子做屋瓦，只能用十年，如果覆盖两层竹瓦，可以支持二十年。唉！我在至道元年（995），由翰林学士被贬到滁州，丙申年又调到扬州，丁酉年又到中书省任职，戊戌年的除夕，奉命调到齐安，己亥年闰三月才到了齐安郡城。四年之中，奔走不停，还不知道明年又在何处，难道还会怕竹楼容易朽坏吗？希望后来的人跟我志趣相同，能继我之后接着修整它。或许这座竹楼就永远不会朽坏了吧！

　　黄冈①之地多竹，大者如椽，竹工破之，刳②去其节，用代陶瓦。比屋皆然，以其价廉而工省也。

　　子城西北隅，雉堞圮毁，蓁莽荒秽。因作小楼二间，与月波楼通。远吞山光，平挹江濑③，幽阒辽夐④，不可具状。夏宜急雨，有瀑布声；冬宜密雪，有碎玉声。宜鼓琴，琴调和畅；宜咏诗，诗韵清绝；宜围棋，子声丁丁然；宜投壶⑤，矢声铮铮然。皆竹楼之所助也。

　　公退之暇，被鹤氅，戴华阳巾⑥，手执《周易》一卷，焚香默坐，消遣世虑。江山之外，第见风帆沙鸟、烟云竹树而已。待其酒力醒，茶烟歇，送夕阳，迎素月，亦谪居之胜概也。

　　彼齐云、落星，高则高矣；井幹、丽谯⑦，华则华矣。止于贮妓女，藏歌舞，非骚人⑧之事，吾所不取。

　　吾闻竹工云："竹之为瓦，仅十稔⑨。若重覆之，得二十稔。"噫！吾以至道乙未岁，自翰林出滁上，丙申，移广陵；丁酉，又入西掖，戊戌岁除日，有齐安之命；己亥闰三月，到郡。四年之间，奔走不暇，未知明年又在何处，岂惧竹楼之易朽乎？后之人与我同志，嗣而葺之⑩，庶斯楼之不朽也。

注释

①黄冈：地名，在今湖北黄冈市。②刳：剖，挖空。③挹：汲取，舀。濑：流过沙石的浅水。④阒：寂静。夐：远。⑤投壶：古时的一种游戏，把箭投入壶中，按投中的多少分胜负。⑥华阳巾：道士戴的一种帽子。⑦齐云、落星、井幹、丽谯：此四者都是有名的华丽楼阁。⑧骚人：诗人。⑨稔：庄稼成熟。庄稼一年一熟，故古人称一年为一稔。⑩嗣：接续。葺：修缮。

思维导图

写作技巧

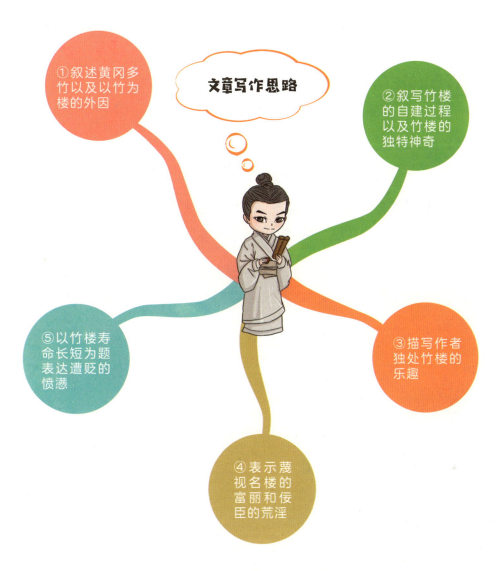

文章写作思路

①叙述黄冈多竹以及以竹为楼的外因

②叙写竹楼的自建过程以及竹楼的独特神奇

③描写作者独处竹楼的乐趣

④表示蔑视名楼的富丽和佞臣的荒淫

⑤以竹楼寿命长短为题表达遭贬的愤懑

范仲淹

　　范仲淹，字希文，祖籍邠州（今陕西彬县），移居吴县（今江苏苏州）。北宋真宗大中祥符八年（1015）进士。官至枢密副使、参知政事。范仲淹是北宋著名的政治家和文学家，曾积极推行"庆历新政"，为人廉洁公正，奉行"先天下之忧而忧，后天下之乐而乐"的做人准则。有《范文正公集》传世。

岳阳楼记

　　庆历四年（1044）的春天，滕子京被贬为岳州知州。到了第二年，政事顺畅，人民和睦，各种荒废了的事业都兴办起来了。于是重新修建岳阳楼，扩展它原来的规模，把唐代贤士和今人的诗赋刻在上面，并嘱咐我写一篇文章来记述这件事。

　　我看巴陵郡的美景，全在这洞庭湖上。它连接远山，吞吐长江，浩浩荡荡，无边无际；早晨的霞光，傍晚的夕照，气象万千。这些就是岳阳楼的壮丽景象，前人已经描述得很详尽了。它北面通向巫峡，南面直达潇水和湘水，被降职外调的官员和不得志的诗人常常在这里聚会，他们观赏这里景物时的心情，难道会没有差别吗？

　　在那细雨连绵不断，一连数月不晴的时候，阴惨惨的风怒吼着，混浊的浪涛翻腾到空中；日月星辰失去了光辉，山岳也隐藏在阴霾<ruby>霾<rt>mái</rt></ruby>之中；来往的客商无法通行，桅<ruby>桅<rt>wéi</rt></ruby>杆歪斜，船桨折断；到了傍晚，暮霭<ruby>霭<rt>ǎi</rt></ruby>沉沉，天色昏暗，老虎长啸，猿猴悲啼。这时登上这座楼，就会产生离开京城，怀念家乡，担心遭到诽谤和讥议的心情，满目都是萧条的景象，心中感慨万分而十分悲伤了。

待到春风和煦、景色明媚的日子，湖面平静，水天一色，碧绿的湖水一望无际；沙鸥时而展翅高飞，时而落下聚集在一起；五光十色的鱼儿游来游去，岸上的香芷<ruby>芷<rt>zhǐ</rt></ruby>和小洲上的兰花，香气浓郁，颜色青青。有时天空中云雾完全消散，皎洁的月光一泻千里，湖面上金光闪烁，月亮的倒影犹如沉落的玉璧，静静地躺在水中；渔人互相唱和应答，这样的快乐是何等无穷无

尽！这时登上这座楼，就会感到心旷神怡，把一切荣辱得失都忘记了，于是端着酒杯临风畅饮，沉浸在无限的欢乐当中。

唉！我曾经探究过古代仁德之士的思想感情，或许他们和上面说的那两种情况有所不同，这是什么缘故呢？是因为他们不因为外物的美好而高兴，不因为个人的失意而悲伤；在朝廷为官的时候就为百姓忧虑；退隐江湖、远离朝廷的时候就替君主忧虑。这样看来，是在朝为官也忧虑，不在朝为官也忧虑。然而他们什么时候才会感到快乐呢？他们一定会说"忧在天下人之前，乐在天下人之后"吧！唉！除了这样的人，我还能与谁同道呢！写于庆历六年九月十五日。

原文欣赏

　　庆历四年春，滕子京①谪守巴陵郡。越明年，政通人和，百废具兴，乃重修岳阳楼，增其旧制，刻唐贤今人诗赋于其上，属②(zhǔ)予作文以记之。

　　予观夫巴陵胜状，在洞庭一湖。衔远山，吞长江，浩浩汤汤(shāng)，横无际涯，朝晖夕阴，气象万千，此则岳阳楼之大观也，前人之述备矣。然则北通巫峡，南极潇湘，迁客骚人③，多会于此，览物之情，得无异乎？

　　若夫霪雨霏霏(fēi)，连月不开，阴风怒号，浊浪排空，日星隐曜(yào)，山岳潜形，商旅不行，樯(qiáng)倾楫(jí)摧④，薄暮冥冥，虎啸猿啼。登斯楼也，则有去国⑤怀乡，忧谗畏讥，满目萧然，感极而悲者矣。

　　至若春和景⑥明，波澜不惊，上下天光，一碧万顷，沙鸥翔集，锦鳞⑦游泳，岸芷汀兰⑧，郁郁青青。而或长烟一空，皓月千里，浮光跃金，静影沉璧，渔歌互答，此乐何极！登斯楼也，则有心旷神怡，宠辱偕忘，把酒临风，其喜洋洋者矣。

　　嗟夫！予尝求古仁人之心，或异二者之为，何哉？不以物喜，不以己悲，居庙堂⑨之高则忧其民，处江湖之远则忧其君。是进亦忧，退亦忧。然则何时而乐耶？其必曰"先天下之忧而忧，后天下之乐而乐"乎！噫！微斯人，吾谁与归？时六年九月十五日。

注释

①滕子京：名宗谅，字子京，与范仲淹同举进士，曾被贬为岳州知州。巴陵郡：即岳州，治所在今湖南岳阳。②属：同"嘱"，嘱咐。③迁客：遭贬迁的官员。骚人：诗人。④樯：桅杆。楫：船桨。⑤国：指国都。⑥景：日光。⑦锦鳞：指色彩斑斓的鱼。⑧芷：香草名。汀：小洲。⑨庙堂：指朝廷。

写作技巧

①重修岳阳楼

1.作记缘由

②属予作文以记之

文章写作思路

①衔远山，吞长江

2.洞庭全景

②朝晖夕阴，气象万千

①先天下之忧而忧

4.政治抱负

②后天下之乐而乐

3.览物之情

①去国怀乡，忧谗畏讥

②心旷神怡，宠辱偕忘

欧阳修

　　欧阳修，字永叔，自号醉翁，晚号六一居士，吉州庐陵（今江西吉安）人。北宋政治家、文学家。幼年丧父，由寡母教养成人。仁宗天圣八年（1030）进士。曾任知制诰、翰林学士、枢密副使、参知政事等。早年支持范仲淹的主张，要求政治改良，因此屡遭贬谪。晚年思想趋于保守，反对王安石变法。神宗熙宁四年（1071），任太子少师。死后赠太子太师，谥号文忠。北宋诗文革新运动的领袖，苏洵父子、曾巩、王安石皆出其门下。为"唐宋八大家"之一，在散文、诗、词方面都卓有成就，开创了北宋文学的新面貌。他的文风变化多端、开阖_{hé}自如，语言自然晓畅，富于韵律感。他的写景抒情文和文论史论，都代表了成熟宋代散文的清新自然的风格，真是"文备众体，变化开阖，因物命意，各尽其工"（吴充《欧阳公行状》）。曾与宋祁等合修《新唐书》，并独撰《新五代史》。有《欧阳文忠公文集》传世。

梅圣俞诗集序

　　我听到世人常说，诗人显达的少，困厄的多。难道真是这样吗？大概是由于世上所流传的诗歌，很多都是出自古代困厄之士的缘故吧。大凡胸怀才能抱负而不能施展于当世的人，大都喜欢放任自适于山巅水边，看见虫鱼草木、风云鸟兽等事物，往往探究它们的怪异之处。内心郁积着忧思、感慨和愤懑（mèn），因而产生了怨恨和讥讽，道出了逐臣寡妇的哀叹，写出了人所难于诉说的情感。诗人越是困厄，写出来的诗就越是技巧高明。如此说来，并非写诗使人困厄，原来是困厄之后才能写出好诗来。

　　我的朋友梅圣俞，年轻时凭借着祖先的荫庇（yìn bì）做了官，但屡次去参加进士考试，总是不为主考官所赏识，困厄在州县上，已经十多年了。今年他已经五十岁了，还要靠别人下聘书，去做别人的幕僚，他胸中怀藏的本领受到压抑，不能在事业上充分地展现出来。他的家乡在宛陵县，幼年时就学习写诗。当他还是个孩童的时候，作的诗就已经让父老长辈们惊奇了。等到长大，他学习了六经仁义的学问。他作文章简约、古朴而纯正，

不求苟且取悦于世人，因此世人只知道他的诗罢了。然而当时的人们不论贤愚，谈论诗歌必然会向圣俞请教。圣俞也喜欢把自己不得志的心情通过诗歌抒发出来，因此他平生所写的东西，诗歌尤其多。世人虽然知道他善于诗赋，却没有人向朝廷推荐他。从前王文康公曾看到他的作品，慨叹说："二百年没有这样的作品了！"虽然知道他的可贵，可还是没有加以举荐。假若使他有幸被朝廷任用，写出《雅》《颂》那样的作品，来歌颂大宋的功业恩德，献于宗庙之上，上追《商颂》《周颂》《鲁颂》等作者，难道不是伟大的贡献吗？为什么他到老也不能得志，写的是困厄者的诗歌，只能徒然地写些描述虫鱼物类的诗，再不就是抒发羁旅、愁闷之情的作品呢？世人只喜欢他作诗的技巧，却不知道他困厄已久并且将要老死了，怎能让人不觉得可惜呢？

圣俞的诗很多，自己却不收拾整理。他妻兄的儿子谢景初，担心诗篇众多而容易散失，于是选取他从洛阳到吴兴这段时间的作品，编为十卷。我曾经酷爱圣俞的诗作，担心不能全部得到，十分高兴谢氏能为它分类排序，就为之作序并且珍藏起来。从那以后过了十五年，圣俞因病在京城去世，我痛哭着为他写了墓志铭，又向他家索求他的作品，得到他的遗稿一千多篇，连同以前所收藏的，选取其中特别好的共六百七十七篇，编成了十五卷。唉！我对圣俞的诗歌已经评论得很多了，因此就不再重复了。庐陵欧阳修写了这篇序。

予闻世谓诗人少达而多穷①，夫岂然哉？盖世所传诗者，多出于古穷人之辞也。凡士之蕴其所有而不得施于世者，多喜自放于山巅水涯之外，见虫鱼草木、风云鸟兽之状类，往往探其奇怪，内有忧思感愤之郁积，其兴于怨刺，以道羁臣②寡妇之所叹，而写人情之难言。盖愈穷则愈工。然则非诗之能穷人，殆穷者而后工也。

予友梅圣俞，少以荫补为吏，累举进士，辄③抑于有司，困于州县凡十余年。年今五十，犹从辟书④，为人之佐，郁其所蓄不得奋见于事业。其家宛陵⑤，幼习于诗，自为童子，出语已惊其长老。既长，学乎六经仁义之说，其为文章，简古纯粹，不求苟说⑥于世，世之人徒知其诗而已。然时无贤愚，语诗者必求之圣俞。圣俞亦自以其不得志者，乐于诗而发之，故其平生所作，于诗尤多。世既知之矣，而未有荐于上者。昔王文康公尝见而叹曰："二百年无此作矣！"虽知之深，亦不果荐也。若使其幸得用于朝廷，作为"雅""颂"以歌咏大宋之功德，荐之清庙⑦，而追商、周、鲁《颂》之作者，岂不伟欤！奈何使其老不得志而为穷者之诗，乃徒发于虫鱼物类、羁愁感叹之言？世徒喜其工，不知其穷之久而将老也，可不惜哉！

圣俞诗既多，不自收拾。其妻之兄子谢景初，惧其多而易失也，取其自洛阳至于吴兴以来所作，次为十卷。予尝嗜(shì)圣俞诗，而患不能尽得之，遽(jù)⑧喜谢氏之能类次也，辄序而藏之。其后十五年，圣俞以疾卒于京师，余既哭而铭之，因索于其家，得其遗稿千余篇，并旧所藏掇(duō)⑨其尤者六百七十七篇，为一十五卷。呜呼！吾于圣俞诗，论之详矣，故不复云。庐陵欧阳修序。

注释

① 穷：不得志。② 羁臣：在异乡做官的人。③ 辄：总是。④ 辟书：聘书。
⑤ 宛陵：今安徽宣城。⑥ 说：同"悦"，取悦。⑦ 清庙：宗庙。⑧ 遽：立即。
⑨ 掇：选取。

写作技巧

文章写作思路

① 反驳世人"诗人少达而多穷"的说法

② 介绍梅圣俞的生平及其诗歌创作

③ 交代《梅圣俞诗集》的编纂过程

五代史伶官传序

唉！盛衰的规律，虽说是天命决定的，难道不是也与人事有关吗？探究后唐庄宗之所以得天下及其后来失天下的原因，就可以知道了。

世间传说晋王将要去世的时候，把三支箭赐给庄宗，并且告诉他说："梁国，是我的仇家；燕王，是我帮他成就了今天的事业；契丹同我曾约为兄弟。可是他们都背叛了晋国而归附了梁。这三者，是我的遗恨！现在给你三支箭，你千万不要忘记你父亲未了的心愿！"庄宗接受了这三支箭并把它们保存在宗庙里。其后每逢出征作战，就派手下的官员用一猪一羊去宗庙祭告，并请出那些箭，用锦囊装了，让人背着，走在队伍的前面。等到凯旋后，再把箭放回原处。

当他用绳索捆绑起燕王父子，用匣子盛了梁国君臣的首级，献入宗庙，把箭放在先王的灵位前，向先王的在天之灵禀报得胜的消息的时候，可谓是意气风发，雄壮得很了。等到仇敌已经消灭，天下已经平定，然而一个军士在夜间一声呼喊，叛乱

者就四处响应，以致自己仓皇向东逃出，没见到贼寇而军队已经离散了。君臣们互相看着，不知该向何处去，逼得自己剪断头发，对天发誓，眼泪沾湿了衣裳，这是何等的衰败啊！难道是因为取得天下艰难而失去容易吗？还是成败的转换，都出自人为的原因呢？

《尚书》上说："自满招致灾祸，谦虚得到益处。"忧虑和勤劳可以振兴国家，安逸和享乐可以使自身灭亡，这是当然的道理啊。因此当庄宗兴盛的时候，全天下的豪杰，没有能与他争雄的；到他衰败的时候，几十个优伶（艺人）来围困他，就使他身死国灭，为天下所讥笑。祸患常常是从细微小事上积聚起来的，而聪明勇敢的人又常常是为自己所溺爱的人逼入困境，难道仅是优伶能造成祸患吗？

原文欣赏

　　呜呼！盛衰之理，虽曰天命，岂非人事哉！原庄宗之所以得天下①，与其所以失之者，可以知之矣。

　　世言晋王②之将终也，以三矢赐庄宗而告之曰："梁③，吾仇也；燕王吾所立；契丹与吾约为兄弟，而皆背晋以归梁。此三者，吾遗恨也。与尔三矢，尔其无忘乃父之志！"庄宗受而藏之于庙。其后用兵，则遣从事以一少牢告庙，请其矢，盛以锦囊，负而前驱，及凯旋而纳之。

　　方其系燕父子以组④，函梁君臣之首，入于太庙，还矢先王，而告以成功，其意气之盛，可谓壮哉！及仇雠⑤（chóu）已灭，天下已定，一夫夜呼，乱者四应，仓皇东出，未及见贼而士卒离散，君臣相顾，不知所归，至于誓天断发，泣下沾襟，何其衰也！岂得之难而失之易欤？抑本⑥其成败之迹，而皆自于人欤？《书》曰："满招损，谦得益。"忧劳可以兴国，逸豫⑦可以亡身，自然之理也。

　　故方其盛也，举天下之豪杰，莫能与之争；及其衰也，数十伶人困之，而身死国灭，为天下笑。夫祸患常积于忽微，而智勇多困于所溺，岂独伶人也哉？

注释

① 原：推究。庄宗：即五代时后唐庄宗李存勖（xù）。② 晋王：即后唐太祖李克用。因为帮助唐朝政府镇压黄巢起义有功，封晋王。③ 梁：指后梁。后梁太祖朱温，原本参加黄巢起义，后出卖起义军，成为唐朝封疆大吏，后杀唐昭帝，废唐哀帝自立，建立后梁。④ 组：指绳索。⑤ 仇雠：仇敌。⑥ 本：考察。⑦ 逸豫：安逸享乐。

写作技巧

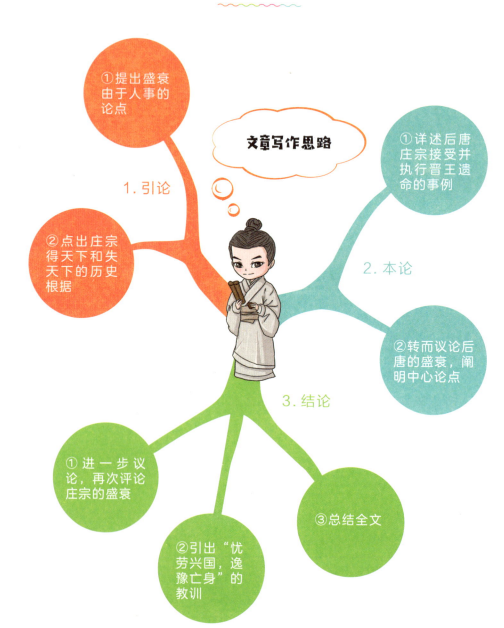

文章写作思路

①提出盛衰由于人事的论点

1. 引论

②点出庄宗得天下和失天下的历史根据

①详述后唐庄宗接受并执行晋王遗命的事例

2. 本论

②转而议论后唐的盛衰，阐明中心论点

3. 结论

①进一步议论，再次评论庄宗的盛衰

②引出"忧劳兴国，逸豫亡身"的教训

③总结全文

醉翁亭记

　　滁州四面环山。那西南面的几座山峰，树林和山谷尤其秀美。放眼望去，那郁郁葱葱、幽深秀丽的地方，就是<ruby>琅琊<rt>láng yá</rt></ruby>山了。顺着山路走上六七里，渐渐地听到水声<ruby>潺<rt>chán</rt></ruby>潺，从两座山峰之间倾泻而出的是酿泉。走过曲折的山路，绕过回环的山峰，看见

有一座亭檐儿像飞鸟展翅一样翘起，小亭临于泉边，那是醉翁亭。建造亭子的人是谁呢？是山上的智仙和尚。给它取名的又是谁呢？就是自号"醉翁"的那个太守。太守和他的宾客们来这儿饮酒，只喝一点儿就醉了，而且年纪又是最大，所以自号"醉翁"。其实醉翁的心意并不在酒上，而在山水之间。游山赏水的乐趣，是领略在心里，而寄托在酒中的啊。

如果太阳升起，山林中的云雾便尽皆消散了；若是烟云归集，山中的岩穴就又变得幽冥昏暗。这昏暗与明亮的交替变化，是山中的黎明与黄昏。野花怒放而清香，树木深秀而繁茂；秋风高爽，秋霜洁白；溪水下落，山石便显露出来。这就是山间四季景致的变化。清晨前往，黄昏归来，四季的景色不同，这其中的乐趣也是无穷无尽的。

至于背负着东西的人在路边欢唱，往来的行人在树下休息，前面的招呼，后面的答应，老老少少，搀扶提携，往来不断，那是滁州民众来这里游玩。在溪边钓鱼，溪深而鱼肥；用泉水酿酒，泉香而酒^{liè}洌。还有各种山珍和野菜，横七竖八地摆在面前，那是太守所设的宴席。宴饮酣畅的乐趣，不在于琴弦箫管。投壶的投中了，下棋的下赢了，只见酒杯与筹码杂乱交错，人们时起时坐、大声喧闹，那是宾客们欢乐极了。那个苍颜白发，颓然坐在人群中的老者，是喝醉的太守。

不久就到了夕阳西下的时候。只见人影散乱，那是宾客们跟随太守回去了。树林逐渐昏暗下来，上上下下鸣叫呼应，那

是游人离开后鸟儿开始快乐起来了。然而鸟儿只知道山林中的
快乐，却不知道人们的快乐。人们只知道跟随太守游玩的快乐，
却不知道太守是因为他们快乐而快乐啊。醉了的时候能同他们
一起快乐，醒了之后又能用文章把这些记述下来的，是太守啊。
太守是谁呢？是庐陵欧阳修啊。

原文欣赏

　　环滁皆山也。其西南诸峰，林壑尤美，望之蔚然而深秀者，琅琊①也。山行六七里，渐闻水声潺潺，而泻出于两峰之间者，酿泉也。峰回路转，有亭翼然临于泉上者，醉翁亭也。作亭者谁？山之僧曰智仙也。名之者谁？太守自谓也。太守与客来饮于此，饮少辄醉，而年又最高，故自号曰醉翁也。醉翁之意不在酒，在乎山水之间也。山水之乐，得之心而寓之酒也。

　　若夫日出而林霏②开，云归而岩穴暝③，晦明变化者，山间之朝暮也。野芳发而幽香，佳木秀而繁阴，风霜高洁，水落而石出者，山间之四时也。朝而往，暮而归，四时之景不同，而乐亦无穷也。

　　至于负者歌于途，行者休于树，前者呼，后者应，伛偻④提携，往来而不绝者，滁人游也。临溪而渔，溪深而鱼肥，酿泉为酒，泉香而酒冽⑤，山肴野蔌，杂然而前陈者，太守宴也。宴酣之乐，非丝非竹，射⑥者中，弈⑦者胜，觥⑧筹交错，起坐而喧哗者，众宾欢也。苍颜白发，颓然乎其间者，太守醉也。

　　已而夕阳在山，人影散乱，太守归而宾客从也。树林阴翳，鸣声上下，游人去而禽鸟乐也。然而禽鸟知山林之乐，而不知人之乐；人知从太守游而乐，而不知太守之乐其乐也。醉能同其乐，醒能述以文者，太守也。太守谓谁？庐陵欧阳修也。

注释

　　①琅琊：即琅琊山，在今安徽滁州市。②霏：弥漫的云气。③暝：昏暗。④伛偻：腰背弯曲，这里指老人。⑤冽：清澄。⑥射：指投壶游戏中把箭投向壶内。⑦弈：下围棋。⑧觥：酒杯。

写作技巧

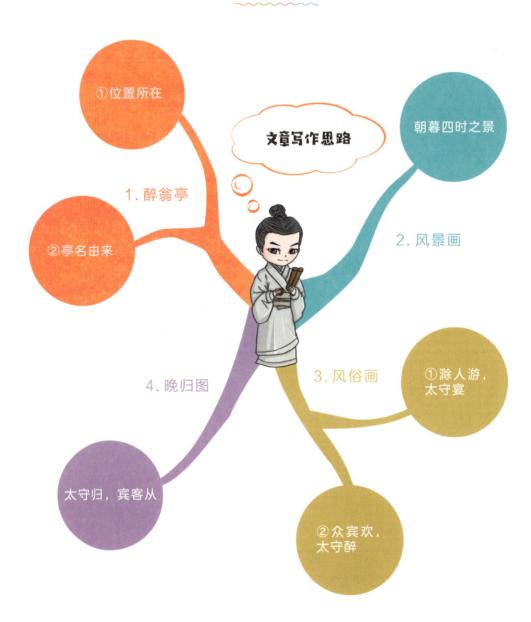

文章写作思路

①位置所在

1.醉翁亭

②亭名由来

朝暮四时之景

2.风景画

3.风俗画

①滁人游，太守宴

②众宾欢，太守醉

4.晚归图

太守归，宾客从

秋声赋

　　我正在夜间读书，听到有声音从西南传来，我惊悚（sǒng）地侧耳倾听，惊道："奇怪啊！"开始的时候那声音淅沥而萧飒（sà），忽而又奔腾而澎湃，好似波涛骤起黑夜，风雨忽然降临。听它碰在物体上，钫钫铮铮（cōng），像金属互相撞击发出的声音；又好像夜袭敌阵的战士正衔枚（古代行军时把枚衔在口中，防止喧哗暴露行迹）疾走，听不见号令，只听见人马行进的声音。我对书童说："这是什么声音，你出去看看吧！"书童回来说："月亮和星星皎洁明亮，浩瀚的银河悬挂在中天；四周寂静，人声悄然，那声音好像是从树间传来的。"

　　我说："哦，哦，悲伤啊！这是秋声，为什么要来呢？说起秋天的样子，它的色调惨淡苍凉，烟雾消散，云气收敛；它的容貌清新明朗，天高气爽，阳光灿烂；它的气流凛冽（lǐn liè）寒冷，刺人肌骨；它的神情萧条寥落，山河空廓。因此它发出来的声音，凄凄切切，呼啸激昂。秋风未到的时候，草儿葱郁，竞相繁茂；树木葱郁，惹人喜爱。然而秋风一至，吹过茂草而茂草枯黄，

吹过树木而树木尽凋。那使万物凋落飘零的，只是秋气的一点余威罢了。

"秋天是行刑的季节，在季节上属阴；它又是战争的象征，在五行中属金。这就是所谓天地间的义气，常常以肃杀作为主旨。自然对于万物，是春天使它们生长，秋天让它们结果。因此秋天在音乐上属于商声，商声是主管西方的音调；而夷则是七月的音律。商，就是悲伤的意思，万物衰老就会悲伤；夷，是杀戮的意思，万物过盛就当杀戮。

"唉！草木无情，尚且按时凋零。人是动物，是万物之灵。许多忧愁动摇着他的心绪，许多事情劳累着他的身体，心中有所触动，必然会动摇精神，何况还要思虑那些力量和智慧所不能办到的事情。这就必然会使他红润的脸色变得如同枯木，乌黑的头发变得花白。为什么要用不是金石的身躯，去和草木争奇斗胜呢？想想吧！是谁伤害了自己，又何必去怨恨那不相关的秋声呢？"

书童没有回答，低垂着头已经睡着了。只听得四周墙壁上虫声唧唧，好像是在附和我的叹息。

　　欧阳子方夜读书，闻有声自西南来者，悚然而听之，曰："异哉！"初淅沥以萧飒，忽奔腾而砯①湃，如波涛夜惊，风雨骤至。其触于物也，铮铮铮铮②，金铁皆鸣，又如赴敌之兵，衔枚疾走，不闻号令，但闻人马之行声。予谓童子："此何声也？汝出视之。"童子曰："星月皎洁，明河③在天，四无人声，声在树间。"

　　予曰："噫嘻，悲哉！此秋声也，胡为乎来哉？盖夫秋之为状也，其色惨淡，烟霏④云敛；其容清明，天高日晶；其气慄冽⑤，砭⑥人肌骨；其意萧条，山川寂寥。故其为声也，凄凄切切，呼号奋发。丰草绿缛⑦而争茂，佳木葱茏而可悦。草拂之而色变，木遭之而叶脱。其所以摧败零落者，乃一气之余烈。

　　"夫秋，刑官也，于时为阴；又兵象也，于行为金。是谓天地之义气，常以肃杀而为心。天之于物，春生秋实，故其在乐也，商声主西方之音，夷则为七月之律。商，伤也，物既老而悲伤。夷，戮也，物过盛而当杀。

　　"嗟夫！草木无情，有时飘零。人为动物，惟物之灵。百忧感其心，万事劳其形，有动乎中，必摇其精。而况思其力之所不及，忧其智之所不能，宜其渥然丹者为槁木⑧，黟然黑者为星星⑨。奈何非金石之质，欲与草木而争荣？念谁为之戕贼，亦何恨乎秋声？"

　　童子莫对，垂头而睡。但闻四壁虫声唧唧，如助予之叹息。

注释

①砯：同"澎"。②铮铮铮铮：金属相碰撞的声音。③明河：银河。④霏：消散。⑤慄冽：同"凛冽"。⑥砭：刺。⑦绿缛：绿草茂盛。⑧渥然：色泽红润的样子。槁木：指枯木。⑨黟然：乌黑。星星：花白的头发。

写作技巧

文章写作思路

①描写听觉上的秋声，并引出与童子的对话

②寻根溯源，探究秋声形成的原因

③从社会和自然两方面，对秋声进行剖析和议论

④通过草木与人做对比，抒发议论

⑤表达无人理解的悲凉心境

苏洵

苏洵，字明允，眉州眉山（今四川眉山）人。宋仁宗嘉祐初年与两个儿子苏轼、苏辙同到京师，为欧阳修、韩琦所赏识，荐之于朝廷，任秘书省校书郎、文安县主簿等职，留京参与编撰《太常因革礼》，书成而卒。苏洵的文章深受《孟子》《战国策》的影响，长于策论，其政论、史论纵横开阖、辞风颖锐，行文简洁而有情致。与其子苏轼、苏辙合称"三苏"，均名列"唐宋八大家"内。有《嘉祐集》传世。

张益州画像记

　　至和元年（1054）秋，蜀人传言有敌寇来到了边境。戍边 *shù* 的军队夜里惊呼，城外也没人敢居住了。谣言流传开来，京师震动。正准备命令选派将帅前去征讨的时候，天子说："不要使祸乱酿成，也不要助使变故发生！尽管各种谣言传闻蜂起，但朕自有主张。外患不足畏惧，只怕内乱要从中兴起。这件事既不能用文教的方式去感召他们，也不能用武力同他们较量，只需要我的一两个大臣去妥善处理。谁可于文于武都能妥善处理，我就派谁前往安抚我的军队。"于是大家推荐说："张公方平就是这样的人。"天子说："好吧。"张公以要奉养亲人为由推辞，但天子没有准奏，于是就出发了。这年冬天十一月，他到了蜀地。到的那天，就撤回驻扎的军队，解除了边境的守备，并派人谕 *yù* 告各郡县说："敌寇来了，责任全在我，用不着劳累你们。"第二

41

年的正月初一，蜀地的百姓互相庆贺新年，就像往常一样，也没有发生什么乱子。第三年正月，大家商定，要把张公的画像留在净众寺里，张公没法禁止。

眉阳人苏洵对人们说："没有发生变乱的时候是容易治理的，已经发生变乱的时候也是容易治理的，但有变乱的迹象，却还没有形成规模，这是所谓的将乱。将乱难治啊！既不能像发生变乱时那样急于治理，也不能像清平无事时那样疏于治理。至和元年秋天的局势，就好像器物已经倾斜但还没有倒在地上。只有你们的张公，安坐在它的旁边，泰然自若，慢慢地将它扶正。扶正之后，又从容地退了下去，丝毫没有炫耀的神情。帮助天子治理百姓而孜孜不倦的，只有你们的张公。你们全靠他的庇护才得以繁衍生息，他就是你们的父母。而且张公曾经对我说过：'百姓没有一成不变的秉性，只是要看上边如何对待他们。人们都说蜀地的人善变，对待他们时常怀着对待盗贼的心思，用处置盗贼的法令来处置他们。

对于本来已经小心翼翼的百姓，却用严厉的刑法去管理。于是百姓才忍心拿他们父母妻子所仰赖的身体去投靠盗贼，所以才经常有大的混乱发生。如果用礼教来约束他们，用法令来驱使他们，治理蜀人却是很容易的。至于操之过急、逼迫过甚而使他

们发生变乱，即使是在礼乐之乡的齐地、鲁地也会这样。我用对待齐鲁百姓的办法来对待蜀人，而蜀人自然会用齐地、鲁地人的标准来约束自己。超出法度之外的肆意妄为，用权势威逼百姓，是我不忍心做的啊！'唉！爱护蜀人的深厚，对待蜀人的宽仁，在张公以前，我还没有见过。"大家听了，都再拜叩首说："是这样的啊。"

苏洵又说："张公的恩德在你们的心中，你们死了，就在你们子孙的心中。他的功业将由史官记载下来，无须用什么画像了。况且张公自己也不愿意你们这样做。怎么办呢？"大家都说："张公本来不在乎画像。虽然这样，我们心里却实感不安。现在就是平常日子里听到别人做了一件好事，都一定要问那人

的姓名和他所住的地方，以至于连他的身材高矮，年岁大小，容貌美丑都想知道，甚至有的人还要问他的生平和嗜好，以此来想见他的为人。而史官也会为他写下传略，把这些记载在其中，想让天下的人心里记着他，眼睛看到他。眼睛里留着他的容貌，就会在心中铭记很久。如此看来，画像也不是没有用的。"苏洵无以反驳，于是替他们写了这篇画像记。

张公是南京人，为人慷慨而有高尚的节操，以度量宏阔而闻名于天下。国家遇到大事，张公是可以委托的。我在文章末尾用一首诗来记述他的事迹：天子端居皇位，事发甲午那年。蜀人传来谣言，有敌寇进犯边境。朝有文臣武将，谋士多如流云。天子听从众意，命我张公往蜀。张公自东而来，旌（jīng）旗迎风舒展。蜀人聚集观看，大街小巷站满。都说张公果敢，又能镇静从容。张公告知蜀人："妥善安顿家室，不要听信谣言。谣言常不吉祥，你们要和往常一样。春天种养桑树，秋天清扫谷场。"蜀人连连叩头，视张公为父兄。张公来到园林，园林草木茂盛。张公宴请同僚，击鼓咚咚作响。蜀人前来看望，祝公万寿无疆。今日蜀女靓丽，闲居闺阁之中。又有婴儿咿呀，如今也能说话。当初张公未到，本想抛弃他们。如今庄稼丰茂，粮仓高高立起。蜀地妇女儿童，都因丰年欢乐。张公昔在朝野，是为天子股肱（gōng）（得力助手）。天子召他回去，他又怎能不从？兴建庄严大殿，有廊还有庭院。张公画像其间，朝服冠带整齐。蜀人互相劝勉，不再懒惰放荡。张公回到京城，画像永留大堂。

至和①元年秋，蜀人传言有寇至边。边军夜呼，野无居人。妖言流闻，京师震惊。方命择帅，天子曰："毋养乱，毋助变，众言朋兴，朕志自定。外乱不作，变且中起。既不可以文令，又不可以武竞，惟朕一二大吏。孰为能处兹文武之间，其命往抚朕师。"乃推曰："张公②方平其人。"天子曰："然。"公以亲辞，不可，遂行。冬十一月，至蜀。至之日，归屯军，撤守备。使谓郡县："寇来在吾，无尔劳苦。"明年正月朔旦，蜀人相庆如他日，遂以无事。又明年正月，相告留公像于净众寺。公不能禁。

眉阳苏洵言于众曰："未乱易治也，既乱易治也。有乱之萌，无乱之形，是谓将乱，将乱难治，不可以有乱急，亦不可以无乱弛。惟是元年之秋，如器之欹③，未坠于地。惟尔张公，安坐于其旁，颜色不变，徐起而正之。既正，油然而退，无矜容。为天子牧小民不倦，惟尔张公。尔繄④以生，惟尔父母。且公尝为我言：'民无常性，惟上所待。人皆曰蜀人多变，于是待之以待盗贼之意，而绳之以绳盗贼之法。重足屏息之民，而以碪斧令，于是民始忍以其父母妻子之所仰赖之身，而弃之于盗贼，故每每大乱。夫约之以礼，驱之以法，惟蜀人为易。至于急之而生变，虽齐、鲁亦然。吾以齐、鲁待蜀人，而蜀人亦自以齐、鲁之人待其身。若夫肆意于法律之外，以威劫齐民，吾不忍为也！'呜呼！爱蜀人之深，待蜀人之厚，自公而前，吾未始见也。"皆再拜稽首曰："然。"

苏洵又曰："公之恩在尔心，尔死，在尔子孙。其功业在史官，无以像为也。且公意不欲。如何？"皆曰："公则何事于斯？虽然，于我心有不释焉。今夫平居闻一善，必问其人之姓名与其邻里之所在，以至于其长短、小大、美恶之状，甚者或诘其平生所嗜好，以想见其为人。而史官亦书之于其传，意使天下之人，思之于心，则存之于目。存之于目，故其思之于心也固。由此观之，像亦不为无助。"苏洵无以诘，遂为之记。

公南京人，为人慷慨有大节，以度量雄天下。天下有大事，公可属。系之以诗曰：天子在祚⑤，岁在甲午。西人⑥传言，有寇在垣。庭有武臣，谋夫如云。天子曰嘻，命我张公。公来自东，旗纛⑦舒舒。西人聚观，于巷于涂。谓公暨暨⑧，公来于于⑨。公谓西人："安尔室家，无敢或讹。讹言不祥，往即尔常。春尔条桑，秋尔涤场。"西人稽首，公我父兄。公在西囿，草木骈骈⑩。公宴其僚，伐鼓渊渊。西人来观，祝公万年。有女娟娟⑪，闺闼⑫闲闲。有童哇哇，亦既能言。昔公未来，期汝弃捐。禾麻芃芃⑬，仓庾崇崇。嗟我妇子，乐此岁丰。公在朝廷，天子股肱。天子曰归，公敢不承？作堂严严，有庑有庭。公像在中，朝服冠缨。西人相告，无敢逸荒。公归京师，公像在堂。

注释

① 至和：宋仁宗年号。② 张公：即张方平，字道安，官至太子太保。③ 攲：倾斜。④ 繄：这，指代张方平的措施。⑤ 祚：指皇位。⑥ 西人：指蜀人。⑦ 纛：古时军队或仪仗队的大旗。⑧ 暨暨：果敢坚决的样子。⑨ 于于：行动舒缓自得的样子。⑩ 骈骈：茂盛的样子。⑪ 娟娟：秀美的样子。⑫ 闺闼：闺房。⑬ 芃芃：草木茂美的样子。

写作技巧

文章写作思路

开头三句渲染紧张气氛，从正面表现张方平的胆识过人

第一部分

第二部分

对张方平的事迹进行评价，以问答的形式表现百姓对张方平的感激

第三部分

作者以诗歌的形式做结尾，称颂张方平的为人和气概

苏轼

　　苏轼，字子瞻，号东坡居士，眉州眉山人。北宋文学家、书画家。仁宗嘉祐二年（1057）进士，神宗时因与王安石政见不合请求外调，历任杭州通判与密、徐、湖三州知州。因作诗讽刺新法，被贬为黄州团练副使。哲宗时，召为翰林学士，新党再度执政，又贬惠州，再贬儋^{dān}州（今属海南）。徽宗即位，被赦免，返回途中死于常州。"唐宋八大家"之一，宋代四大书法家之一，他的诗、词、文均代表了北宋文学的最高水平。

留侯论

　　古代被称为豪杰的人，一定有超过常人的气度节操，能承受一般人在感情上不能忍受的事。一个普通人一旦受到侮辱，就要拔剑而起，挺身相斗，这些是不足以称为有大勇的。天下那些有大勇的人士，突然遇到意外而不惊慌，无故受到侮辱而不愤怒。这是因为他们所怀的抱负很大，所怀的志向高远的缘故呀！

　　当年张良从那位坐在桥上的老人手里接过书，这件事想来很是奇怪，然而又怎么知道这不是秦朝的某位隐居的贤人来故意试探张良呢？看那老人隐约表示的心意，都是圣贤们相互警惕戒备的道理，而世人却不详加考察，以为桥上老人是鬼怪，

这已经是错误的了。而且老人的真实用意也并不在授书上。当
韩国灭亡，秦国正强大的时候，用刀、锯、鼎、镬（huò）来迫害天下
的士人，那些安分守己而无故被杀的人，数也数不清。这时即
使有孟贲（bēn）、夏育那样的勇士，也没有办法施展他们的本领。执
法过于严厉的国家，它的锋芒不可触犯，而锋芒过后就有可乘
之机了。但张良忍不住愤怒的情绪，凭借着匹夫之勇，在一次
对秦始皇的伏击中逞能冒险。当时，张良虽然没有被杀死，但
也已经处在死亡的边缘了，真是危险到了极点啊。富贵人家的
子弟，不会轻易死在盗贼的手里，为什么呢？是因为他们的生
命珍贵，不值得因为与盗贼相斗而死去。张良以盖世的才能，
不去像伊尹、姜太公一样谋划定国安邦的策略，却只用荆轲、

聂政那样行刺的办法，靠着侥幸才得以不死，这正是桥上那位老人为他感到深深叹息的啊！因此用傲慢的态度深深地挫辱他，使他能够有忍耐之心，然后才可以成就大业。所以老人说"这小伙子是可以造就的"。

楚庄王讨伐郑国，郑襄公袒露着身体，牵着羊去迎接。楚庄王说："郑国的国君能够这样屈己尊人，必定能获得人民的信任。"于是就放弃了进攻郑国的计划。越王勾践被吴军围困在会稽山上，于是向吴国投降，做吴王的奴仆，三年下来都勤勉而不倦怠。如果有报仇的志向，却不能忍辱负重，这只是普通人的刚强。那位老人认为张良才能有余，但担心他度量不足，所以深深挫折他年轻人的刚锐之气，使他能忍住小的愤怒而成就大的事业。为什么呢？老人和张良素不相识，在野外突然相遇而命令他做奴仆做的事，而张良却能毫不在意照办，丝毫没有怨怪的意思，这个人确实是秦始皇不能使之惊恐，项羽不能使之发怒的人呀。

考察汉高祖刘邦之所以能最终取胜，而项羽最终落败的原因，是在能忍与不能忍之间啊！项羽不能忍，所以百战百胜却轻易消耗了军力；高祖能够忍，所以积蓄全力而等待项羽由盛转衰的时机，这是张良教给他的呀。当淮阴侯韩信大破齐国而想要自立为齐王的时候，高祖发怒，气愤之情溢于言表。由此看来，他还有刚强而不能忍耐的意气，不是张良，又有谁能成全他呢？

太史公司马迁曾经猜想张良是一个身材魁梧、仪表奇伟的人，而他的神态表情却像是妇人女子，认为与他的志向和气概很不相称。唉！这不正是张良之所以为张良吗？

　　古之所谓豪杰之士，必有过人之节，人情有所不能忍者。匹夫见辱，拔剑而起，挺身而斗，此不足为勇也。天下有大勇者，卒（cù）然临之而不惊，无故加之而不怒，此其所挟持者甚大，而其志甚远也。

　　夫子房受书于圯（yí）上之老人也①，其事甚怪。然亦安知其非秦之世有隐君子者，出而试之？观其所以微见其意者，皆圣贤相与警戒之义，而世不察，以为鬼物，亦已过矣。且其意不在书。当韩之亡、秦之方盛也，以刀锯鼎镬②待天下之士，其平居无事夷灭者不可胜数。虽有贲、育，无所获施。夫持法太急者，其锋不可犯，而其末可乘。子房不忍忿（fèn）忿之心，以匹夫之力，而逞于一击之间。当此之时，子房之不死者，其间不能容发，盖亦危矣。千金之子，不死于盗贼，何哉？其身可爱，而盗贼之不足以死也。子房以盖世之才，不为伊尹、太公之谋③，而特出于荆轲、聂政之计④，以侥幸于不死，此圯上老人所为深惜者也。是故倨（jù）傲鲜腆（tiǎn）而深折之⑤，彼其能有所忍也，然后可以就大事。故曰："孺子可教也。"

　　楚庄王伐郑，郑伯肉袒牵羊以迎⑥。庄王曰："其主能下人，必能信用其民矣。"遂舍之。勾践之困于会稽，而归臣妾于吴者，三年而不倦。且夫有报人之志，而不能下人者，是匹夫之刚也。夫老人者，以为子房才有余，而忧其度量之不足，故深折其少年刚锐之气，使之忍小忿而就大谋。何则？非有平生之素，卒然相遇于草野之间，而命以仆妾之役，油然而不怪者，此固秦皇之所不能惊，而项籍之所不能怒也。

观夫高祖之所以胜、项籍[7]之所以败者，在能忍与不能忍之间而已矣。项籍唯不能忍，是以百战百胜而轻用其锋；高祖忍之，养其全锋而待其敝，此子房教之也。当淮阴破齐而欲自王，高祖发怒，见于词色。由是观之，犹有刚强不能忍之气，非子房其谁全之？

太史公疑子房以为魁梧奇伟，而其状貌乃如妇人女子，不称其志气。呜呼！此其所以为子房欤！

注释

① 受书：指张良三次拾鞋而得老人授《太公兵法》一事。圯：桥。② 镬：烹人的大锅。③ 伊尹：商代大臣，曾帮助商汤灭亡了夏朝，建立了商朝。太公：即姜太公，他曾帮助武王伐纣，建立了周朝。④ 荆轲：战国时卫国人，曾受托于燕太子丹前往秦国刺杀秦王嬴政，事败身死。聂政：战国时韩人，为严仲子谋刺韩相韩傀。⑤ 倨傲：傲慢。鲜：少。腴：丰厚，美好。⑥ 郑伯：即郑襄公。肉袒：脱去上衣，裸露肢体。⑦ 项籍：即项羽，名籍，字羽。

写作技巧

文章写作思路

①第一段引出能忍与不能忍的论题，随即提出中心论点

②第二段引入张良的事迹，极言他的能忍

③第三段先举例论述忍的重要性，又证明老人确实在考验张良

④第四段进一步强调"能忍"在楚汉战争中的重要作用

④最后一段指出貌似文弱的张良却干出伟业，余味不尽

图书在版编目（CIP）数据

藏在古文观止里的那些事儿 : 思维导图彩绘版 . ⑧ ,
宋文 / 新新世纪编 . -- 五家渠 : 新疆生产建设兵团出
版社 , 2022.3
ISBN 978-7-5574-1782-6

Ⅰ . ①藏… Ⅱ . ①新… Ⅲ . ①古典散文－散文集－中
国②《古文观止》－青少年读物 Ⅳ . ① H194.1-49

中国版本图书馆 CIP 数据核字（2022）第 032740 号

责任编辑 : 吴秋明

藏在古文观止里的那些事儿 : 思维导图彩绘版 . ⑧ , 宋文

出版发行		新疆生产建设兵团出版社
地	**址**	新疆五家渠市迎宾路 619 号
邮	**编**	831300
电	**话**	0994-5677185
发	**行**	0994-5677116
传	**真**	0994-5677519
印	**刷**	三河市双升印务有限公司
开	**本**	710 毫米 ×1000 毫米　1/16
印	**张**	35
字	**数**	30 千字
版	**次**	2022 年 3 月第 1 版
印	**次**	2022 年 4 月第 1 次印刷
书	**号**	ISBN 978-7-5574-1782-6
定	**价**	198.00 元